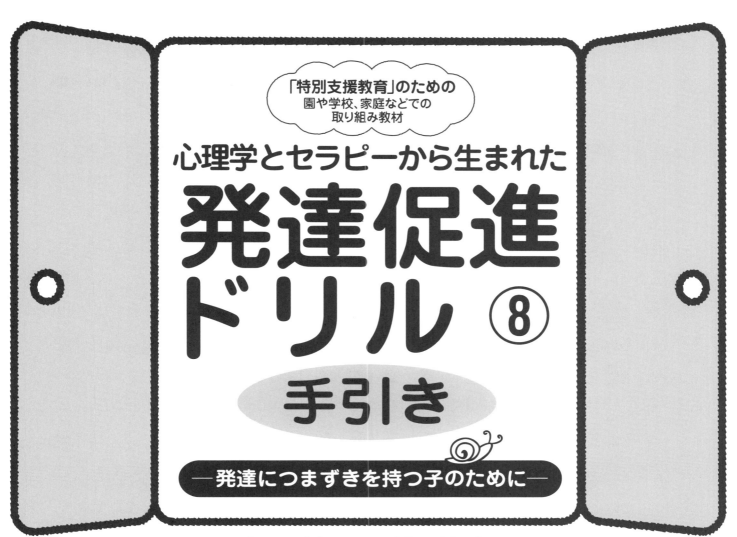

「特別支援教育」のための
園や学校、家庭などでの
取り組み教材

心理学とセラピーから生まれた

発達促進ドリル ⑧

手引き

―発達につまずきを持つ子のために―

編・著／湯汲 英史

（早稲田大学 客員教授／言語聴覚士）

JN132455

発 行／すずき出版

発刊にあたって

はじめに ◇◇◇◇◇◇◇◇◇◇◇◇◇◇◇◇

　「子どもの発達は拘束されている」といわれます。

　歩くことも話すこともできずに生まれてきた赤ちゃんが、1歳を過ぎた頃から歩けたり、話せたりするようになります。運動の発達では、両足で跳べるのが2歳、スキップができるのが4歳となっています。ことばの面も、1歳は単語、2歳は二語文、3歳になると三語文をまねして言え、5～6歳では文字の読み書きができるようになります。

　例えばある子が"ぼくは歩くのは後でいいから、お絵描きが先に上手になりたい"と思っても、特別のことがない限りそれはできないようになっています。"自分の思うようには進めない、成長できない"だから「発達は拘束されている」と表現されます。

　子どもの中には、自然に次々と進むはずの発達が、スムーズにいかない子がいます。遅れがちな子もいます。どうしてそうなのか、はっきりとした原因は分かっていません。

　ただ、このような子たちへのさまざまな試みの中で、発達を促すために指導や教育が必要なことが分かってきました。そして、指導や教育が一定の効果をあげることも明らかになってきました。

　この『発達促進ドリル』シリーズは、発達心理学、認知心理学などの知見をもとに作られました。特に、実際に発達につまずきを持つ子にとって有効な内容のものを選びました。

★8巻では…

　7巻に続いて、理由表現や自己認知などについてさらに掘り下げました。

　文字や数は知識ですが、理由表現などは生きる「知恵」ともいえます。この他にも、「～かもしれない」ということばの教え方を紹介しました。「～かもしれない」は、物事を柔らかく受け止めるために必要な視点です。これが理解されてくると、子どもは精神的に安定してきます。

目的 ◇◇◇◇◇◇◇◇◇◇◇◇◇◇◇◇

　このドリルは、子どものことば、認知、数、文字の読み書き、生活、社会性などの面での健やかな発達を求めて作られました。

特色 ◇◇◇◇◇◇◇◇◇◇◇◇◇◇◇◇

①「手引き」では、各問題を解説しました。"子どもの《発達の姿》"として、発達から見た意味を、"指導のポイント"では、子どもの状態を把握できるようにし、また教え方のヒントも示しました。

②内容によっては正答をまず示し、子どもが質問されている内容や答え方などを分かりやすくしました。また、ドリルの中には、ゆうぎ歌もあります。これは、子どもの興味や社会性を高めるために取り上げました。

③このドリルでは、ことば、認知、数、文字、生活、社会性などの領域の問題を取り上げました。ただそれぞれの領域の問題は、明確に独立したものばかりではありません。ことばと生活がいっしょなど、複数の領域にまたがる内容もあります。

　これは、子どもの暮らしそのものが、多様な領域が渾然一体となっていることからきています。

　例えば「洋服を着る」という場面を考えてみましょう。ある子にとってはこのときに、洋服の名前、着る枚数、洋服の色などとともに、用途や裾を入れるなどマナーも学んでいるかもしれません。つまり、子どもは大人のように領域ごとに分けて学ぶ訳ではないということです。

④このドリルは、1冊に12の課題が含まれています。今回のシリーズは10冊で構成されています。シリーズ合計では、120の課題で構成されています。

お願い

　まずは、子どもの取り組もうという気持ちを大切にしましょう。
課題の順番に関係なく、子どもの興味や関心に合わせて、できるテーマから取り組んでください。
　子どもによっては、難しい問題があります。難しくてできないときには、時間をおいて再チャレンジしてください。

湯汲　英史
早稲田大学 客員教授
（社）発達協会 常務理事
言語聴覚士／精神保健福祉士

① ことば（物の名前⑦：4・5切片）

なにの えでしょうか？

ことばかけのポイント

● 名前が分からないときには、色や用途などのヒントを出しましょう。

● 細部の違いに気づきにくいときには、指さしをして教えましょう。

● 分かりにくい場合には、絵に色を塗ると理解しやすくなるでしょう。

子どもの《発達の姿》

「木を見て、森を見ず」という警句があります。細部にばかりに目を向けると、全体が把握できなくなるという意味で使われます。この警句ですが、人間は細部にも全体にも、両方にフォーカスを合わせられることが前提でもあります。

子どもの発達では、全体への把握から始まり、細部にも目を向けられるようになる姿が見られます。例えば、細部が見分けられるようになると絵本で多数の人の中から特定の人物や物を見つけることに、熱中したりします。

細部の注目の次には再度、全体の把握にも関心が出てくるようです。

このときに、「木を見て、森を見ない」で、細部ばかりにこだわる場合には、全体を見ることを促しましょう。

☆なお、「物の名前」については、第1巻〜第6巻も、必要に応じてお読みください。

指導のポイント

★全体と細部の関係が分かりにくい

例えば、花壇などの場合、花の絵も含めて花壇全体の絵を描きます。そして、細部である花の部分にだけ色を塗ります。木と葉っぱ、サル山とサルなども同じです。

色を塗ることによって、全体と細部の関係が見ただけで分かるようになるでしょう。

ワンポイントアドバイス

このドリルでは、ひとつの絵がいくつかに分割された問題を作りました。

見たときに、一部が隠れていて全部は見えないけれども、全体が何であるかが分かる力も重要です。一部が隠れていても全体を「類推できる」よう、カルタや絵カードなどを使って育てていきましょう。

② ことば（異同弁別ほか：間違い探し③）

まちがいを さがしましょう

ことばかけのポイント

● 「5つ」など、数が多いと分かりにくい場合があります。そういう場合には、例えば、間違いは「あといくつある」といったヒントを出しましょう。

● 間違いが分からない場合には、人の表情や物の属性などをヒントにしましょう。

● 時間がかかりすぎると、飽きてしまうかもしれません。子どもの様子を見ながら、飽きて5つ全部ができないようならば、次回に持ち越しましょう。

子どもの《発達の姿》

「間違い探し」は、子どもが熱中する遊びのひとつです。

ところで、子どもはどうして「同じ＝○＝よい」と考え、「違う＝×＝ダメ」と考えるのでしょうか。

子どもが社会的参照行動を行うよう、大人は子育てのなかで自然に促します。そのときに大人は、子どもに「やってよいこと＝○」「やってはいけないこと＝×」を示します。その区分法を学び、「（大人の言うことと）同じ＝○＝よい」「違う＝×＝ダメ」と考えるようになるのかもしれません。

おもしろいことに、子どもによっては「わざと」間違う子がいます。間違えて、大人の顔を見ながら愉快そうに笑ったりします。いたずら好きな子に多いようですが、わざと間違える姿から、「思考に遊びがある」「考える力に余裕がある」という印象を持ちます。こういう子ですが、テストで100点を取ることが、必ずしも本人の目標とはならないようです。理由はよく分かりませんが、ポカミスと思える間違いが目立ったりします。

ただ、わざと間違える子ほど、理解が深まるのかもしれません。自分で、あるいは大人から促されて、「なぜ間違ったかを考える」からです。そのことが、本人を本当に分かることへと導きます。実際に100点満点だからといって、本当に理解しているとは限らず、記憶力のおかげという場合もあります。記憶力頼りでは、忘れてしまえばそれまでです。

わざと間違えることは、ある種、実験に似ているのかもしれません。だからなのか、間違って愉快そうな表情を見せる子のなかには、創造力や適応力が高い子がいます。

☆なお、「間違い探し」については、第6巻「手引き」5ページ　ことば（異同弁別ほか：間違い探し①）及び第7巻「手引き」4ページ　ことば（異同弁別ほか：間違い探し②）も合わせてお読みください。

指導のポイント

★わざと違う場所をさす

わざと間違う子のなかには、大人をからかって喜ぶ子がいます。「間違い探し」で遊ぶよりも、「人で遊ぶ」方が好きともいえます。

ただ「人で遊ぶ」方が強い場合は、人からすなおな気持ちで学ぶことができません。このために学習が進みにくくなります。こういう子の場合は毅然とした態度で注意し、「○（正解）を目ざすよう」指導しましょう。

ワンポイントアドバイス

いつもは「ある」物が、ときに「ない」場合があります。トイレットペーパー、しょうゆ注しのしょうゆ、お風呂の石けん、シャンプーなどです。

「ない」ときには「ないね。何がないかな？」と子どもに聞くようにしましょう。もしもできるならば、子どもに「ないもの」を補充させます。このことを教えていくと、周りに気配りができるようになってきます。また、「ない」ことに気づき補充できるようになることは、自己管理する力を高め、将来の自立生活では大切な力となります。

③ ことば（疑問詞：なぜ、どうして② 〜理由の表現④）

どうして（なぜ）ですか？

🐻 ことばかけのポイント

●子どもによって、大人の考える「正答」と違う場合があるでしょう。その場合には、子どもの話をよく聞いてみましょう。子どもなりのユニークな見方があることも少なくありません。

●ことばの意味が分からず、「誤答」になることもあるでしょう。理由としてあげたことばの意味が分からない場合には、分かりやすくするために擬音をつけたり、具体的な例を挙げましょう。

子どもの《発達の姿》

「好きな食べ物は何ですか？」と子どもに尋ねます。ある子が、「りんご」と答えたとします。こういう子は疑問詞でいえば、「何、だれ」にはおおむね答えられる段階といえます。

続けてその子に「どうして、りんごが好きですか？」と質問します。これに「皮、むくの」と答える子がいます。これは「どうやって食べますか？」への答えです。

「好きだから、好き」という子もいます。この答えは理由のようですが、質問を反復しただけです。方法や質問の反復で答える時期がありますが、相手に理解してもらえる内容ではなく、未熟な表現段階といえます。

質問に対する答えの内容は、発達の段階によって変化します。発達的な視点からいくつかに分け、段階を整理してみましょう。

①理由を言えない段階

理由を答えられない段階です。

②理由が相手への説明になっていない段階

「好きだから好き」「嫌いなの」と表現したりします。自分の感覚のみで一方的な内容です。「どうやって」の質問への答えの場合もあります。

一般的には3歳代の表現とされます。

③理由の内容が、一般的に考えて了解できる段階

「おいしいから」「おもしろいから」といった内容です。大人にも了解できる内容です。4、5歳頃から表現されるようになります。

④理由に他者が入る段階

「みんな好きだって言っている」「お母さんもほしいって話してた」と、自分だけの理由ではなく、他の人もそういう意見であることを強調しだします。考えに権威をつけるような内容です。子どもによっては、長くこの段階が続くこと

があります。

こういう子の場合、ときに大人として、「自分の考えを言いなさい」とたしなめる必要があります。そうしないと、自分の考えをなかなか確立できなかったりするからです。

⑤理由の内容が、一般的な知識や道徳になる段階

「身体にいいからりんごを食べる」「お年寄りには席を譲ってやることになっているから」など、知識として学んだことが、言動の際の理由となります。

⑥理由を自分流に表現する段階

「以前、青森に行ったことがあって、りんごの花を見てきれいだと思いました。健康にもよいと聞き、ますます好きになりました」など、自身の体験や知識を入れたりして、自分なりに考えた表現となります。一般的には、小学校高学年から中学生にかけて増えてきます。

この巻では、おもに③の段階の子どもを対象としました。

☆なお、「なぜ、どうして〜理由の表現」については、第7巻「手引き」5ページ ことば（疑問詞：なぜ、どうして①〜理由の表現③）も合わせてお読みください。

ワンポイントアドバイス

「どうしてほしいの？」「なぜ食べたいの？」など、日常的に子どもに理由を聞くようにしましょう。

理由を言えない子ですが、「どうして」「なんで」と大人に質問せずに育ったか、ほとんど聞かなかったと言われています。このために、理由を学ぶ機会が少なかったといえます。

未熟だからこそ、理由表現を積極的に教える必要があります。

4 ことば （文作り：叙述・説明② 〜何のお仕事？②）

なにを しているのでしょうか？

 ことばかけのポイント

●絵だけでは分かりにくいときには、ジェスチャーを交えましょう。

●現実の場面で、人が何をしているかを質問し、またその場で教えましょう。

●分かってきたら「〜して」と言って、子どもにもジェスチャーで表現させましょう。

子どもの 《発達の姿》

　子どもは、大人からことばで説明されて学ぶだけではありません。実際にはことばをとおしてよりも、人の動きなどを見て学ぶことの方が多いとされます。このような学び方を「観察学習」や「モデリング」と言います。何を見たらよいのかが、スムーズに広がっていかない場合もあります。こういう子には、大人は意図的に見るべきもの、まねすべきことを教える必要があります。

☆なお、「何のお仕事？」については、第6巻「手引き」7ページ ことば（文作り：叙述・説明①〜何のお仕事？①）も合わせてお読みください。

指導のポイント

★**動きをまねられない**

　見てもうまくまねできない場合には、自分の身体の動かし方を教えた方がよいでしょう。また、実際の場面では動きを手伝い、成功体験を増やし、そのことで意欲を高めるよう働きかけましょう。

ワンポイントアドバイス

　身体の動きですが、動かす回数や練習によってスムーズになっていくのは、スポーツと同じです。できるだけ、子どもが身体を動かすことをおっくうがらないように育てましょう。そのためには、お手伝いや係りの仕事なども含め、身体を動かす機会を増やすことが大切です。

※このドリルでは、運動の具体的な指導法については触れていません。指導の際には、運動の練習の仕方に詳しい、『うごきづくりのすすめ』（倉持親優／著 かもがわ出版／刊）が、たいへん参考になります。

⑤ ことば（自他の分離：苦手なこと）

どちらが とくいですか？ ちょっと にがては どちらですか？

ことばかけのポイント

● 子どもによっては、「苦手はない」と答える場合もあるでしょう。それはそれで、発達のひとつの段階ともいえます。それでもよいと考え、「苦手はないね。みんな上手なんだね」と話しましょう。時期が来れば、自分の得手不得手が分かってきます。

● 「ちょっと」とつけたのは、子どもはおおむね「苦手は克服できるもの」と考えるからです。克服できるものは「ちょっと」の方がハードルは低くなり、気持ちも楽になると思いました。

子どもの《発達の姿》

　得意なことを意識するようになってから、子どもによって少し時間を置いて、自分の苦手なことが分かってきます。「苦手」は「嫌い」とは違います。嫌いという気持ちは変わりにくいのですが、「苦手」にはがんばれば得意になれるかもしれないという、意識と意欲がうかがわれます。

　"自分は、何でもできるわけではない""「できること」と「できないこと」がある"といった意識は、自分自身を適切に知るためには必要不可欠な事柄です。実際には、そのことが分かるのは簡単ではないし、一度「できる−できない」で区分けできたからといって、それは不変のものでもありません。自分自身を振り返ってみても、能力の伸長や、反対に力が衰えるのに合わせ、「できる−できない」「得手不得手」は変わり、そのことは一生考え続けなくてはいけないことといえます。

　自分を知るための一里塚が、「得意−苦手（不得意）」に気づき始める頃ともいえます。

☆なお、「自他の分離」については、第7巻「手引き」7ページ　ことば（自他の分離：得意なこと）も合わせてお読みください。

指導のポイント

★ 「苦手」ではなく「嫌い」と言う

　一般的には、多くの子どもは「嫌い」ということばをあまり使いません。「嫌い」と言い切るのではなく、「ちょっと嫌い」「嫌いなときもある」というように、あいまいな表現をとることが多いようです。

　子どもの「好き」の反対は「嫌い」ではなく、正確に言うと「無関心」なのではないかと思います。ところが不適応状態の子どもには、この「嫌い」を頻繁に使う子がいます。人に向かって「嫌い」と言えば、人間関係の場では爆弾級の破壊力を持つことさえあります。嫌いを使う場合には、「苦手」ということばに置き換えるよう、日ごろから教える必要があります。

おなじ じは どれでしょう

ことばかけのポイント

●分からない場合には、見るべきポイントを教えましょう。

●読めない字では、「あひるの　あ」というように伝え、読みの理解を促しましょう。

子どもの《発達の姿》

　ぬり絵ができるようになり、迷路に興味を持つ頃から子どもは、線の意味を理解しだします。ぬり絵の枠の線も、迷路の壁の線も、意識しなければすぐに越えられます。しかし、子どもは越えないように注意を凝らして色を塗ったり、線を書いたりします。これと同時期に、かけっこのスタートラインを意識しだし、中当てやドッジボールの線の意味が分かるようになります。

　文字は、約束事として、線に音や意味を与えたものです。線に、ある約束事や、ある意味を与えたという点で、ぬり絵や迷路は文字と共通する面があります。それらへの興味や理解が、ほぼ同じ時期に生まれるのもうなずけます。

指導のポイント

★文字が読めない

　日本語では、「あひるの　あ」「りんごの　り」といった言い方で、子どもに文字を教えます。実際に、教えるための文字積み木などが売られています。「あひるの　あ」という教え方ですが、ことばの一部を切り取って、ひとつの音にひとつの文字が対応しているからできます。

　ひらがなは、このようにひとつの文字にひとつの音が対応しているので「表音文字」と呼ばれます。これに対し、漢字の「山」は、ひとつの文字で山を意味することから「表意文字」と言います。

　日本語には、このような特徴があるので、音を分解して、ひらがなと結びつけながら教えることができます。

　文字を教える道具としては、さまざまなおもちゃや教材があります。子どもの興味に合わせて選び、教えてみてください。

ワンポイントアドバイス

　本や町の中にある文字に気づかせ、読むように促しましょう。読むことに興味が出てきた子には、正しい読み方を教えましょう。

　なお、何でも声に出して読む場合には、黙って読むようたしなめます。

7 数（比較：多少②）

どちらが おおいでしょうか？

🐻 ことばかけのポイント

●数が多い場合には、順序よく数えることができずに、重複することがあります。こういう子の場合には、数えた物には鉛筆で印をつけるなどして、重複して数えないように配慮しましょう。

子どもの《発達の姿》

「多い－少ない」の判断ですが、数が増えてくると見た目だけでは分からなくなります。さらには、大小が違う物で、数量で多少判断しなくてはいけない場合には、正確に数える力が不可欠になります。

数えるときには、お皿にいくつもの果物が載っている絵、水槽の中で何匹も泳ぐ魚など、どこから、どのようにして数えてよいのかが分かりにくい場合があります。

また、数えたかどうかを分かるには、記憶力にも影響されます。どうやって数えるか、ルールを決めておいて教える方が、早く正しく数えられるようになるでしょう。

☆なお、「多少」については、第7巻「手引き」10ページ 数（比較：多少①）も合わせてお読みください。

ワンポイントアドバイス

「どっちが多いかな？」「いくつあるかな？」などと質問して、多少判断や数えることを習慣化しましょう。

コラム 「セラピー室から①」

身近な人に赤ちゃんが生まれると、見せてもらいに行くことにしています。生まれて数時間、数日という新生児の姿を見ていると不思議な気がします。何もできない子が、1年ちょっとすれば、話せ、歩けるようになるのですから…。発達の精巧さ、絶妙さに驚きます。

ただこのような一般的な発達の姿は、「大半の子どもたちでは」という限定がつきます。実際に使われている発達や知能検査の項目は、同じ月齢、年齢の子どもたちのうち、6割程度の子に観察されたり、できたりする事柄が採用されています。同じ月齢・年齢で、子どもができる割合を「通過率」といいます。多くの検査では、おおむね「6割通過率」で、基準の月齢や年齢が決められます。残りの4割の中に、遅れてできる子とともに、障害のためにでき

ない子が含まれます。

赤ちゃんのなかには、寝返りや「はいはい」が遅れる子がいます。初期の運動が順調に進まず、歩くのも遅くなります。こういった子の中には、運動に障害のある子や、知的な発達につまずきを持つ子がいます。ただそういう子ばかりではなく、「良性の運動発達遅滞」の子もいます。その原因は、筋肉が柔らかい「良性の筋緊張低下」だったりします。良性の子は、時期は遅れても歩けるようになり、その後は一般的な運動発達を遂げるだろうとされます。断言できないのは、良性の子は「保健所や病院に来なくなる」ので、その発達の姿がよく分かっていないからです。

話は変わりますが、「七人の侍」で有名な映画監督の黒澤 明さ

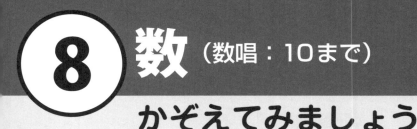

8 数（数唱：10まで）

かぞえてみましょう

ことばかけのポイント

●目だけでは数えられない場合には、指で押さえながら数えるように促しましょう。指で押さえながら数える際に、数唱と指の位置が合わないことがあります。こういう子の場合には、大人が子どもの手指を取り、数唱と手指でさす位置が、正しく合うように介助しましょう。（このような場合は、目の動きと手指の協応動作がスムーズにいかないことが、原因のひとつとして考えられます）

子どもの《発達の姿》

物にはいろいろな属性があります。数もその属性のひとつです。ある小学生の女子は、行き先よりも目的地までの距離や、かかる時間に興味を持ちます。ある男子は、ヒマな時間があると計算して過ごします。勉強というよりは、大好きな遊びのようです。

これらの子のような、物の「数の側面」への興味も、ある時点で急速に薄れる場合があります。数の側面に気づき始めた頃は、わくわくどきどきしながら数えたのが、それが分かってくると飽きてしまい、違う側面に目がいくようになるからかもしれません。

数唱も、いつの間にか指を使わず目だけで数えられるようになったりし、一生懸命に数えていたのがウソのように思える時期がきます。その時期が来るまでは、正しく数えられるように、

数唱できる力を育てていきましょう。

☆なお、「数唱」については、第5巻「手引き」11ページ　数（数唱：5まで）も合わせてお読みください。

指導のポイント

★正確に言えない

数ですが、例えば10まで正しく数えられるようになるまでに、子どもによっても違いがありますが、ことばの力に問題がない場合でも数年かかります。このことは、時間をかけ、繰り返し教えなくては覚えないことを示しています。

数唱は、歌詞を覚えて歌を歌うのに似ているのかもしれません。子どもは特定の節をつけ、一定のリズムで数を数え、そして覚えていきます。教える際には、大人は節回しやリズムを意識した方がよいでしょう。その方が子どもの覚え方に合致していて、正確に早くできるようになると思われます。

ワンポイントアドバイス

食べ物、食器、洋服、本、おもちゃなど、日々の生活の中で数えることを促しましょう。

数唱は、練習の回数が正確さにつながるように思います。気長に取り組みましょう。

んは、9歳くらいまで泣き虫で、他の子とうまく遊べなかったそうです。それが成長して、多くの人たちに支持される世界的な監督になりました。明少年は、今ならばひょっとして、ADHDやアスペルガー症候群といった発達障害の診断名が付いたかもしれません。

発達障害は、同一月齢、年齢の子どもたちとの差が問題になります。ただその基準値はおおむね6割の子の、ある年齢での姿です。子どもの発達では分かっていないことも多々あり、「できない＝発達障害」と安易に考えるのは間違いです。明少年をはじめ、子ども時代に問題を抱えていたものの、大人になってからおおいに活躍するようになった人たちが、それを教えてくれています。

9 数 (集合数②)

(みんなで) いくつでしょうか?

ことばかけのポイント

●数え方ですが、数える対象により、何羽、何台、何人、何個というように、助数詞が変化します。この複雑さが、子どもに混乱をもたらす原因でもあります。まずは数えることを優先し、助数詞の間違いについては、当初は修正を求めなくてもよいでしょう。数えることが安定してできるようになってきたら、少しずつ修正するように教えましょう。

子どもの《発達の姿》

数の理解ですが、子どもは1歳代から一本指を立てて「もう一回」とせがむ姿を見せるようになります。ただ、この一本指が「ひとつ」を示しているかどうかは分かりません。

大小の比較は2個なくてはできません。2が分かって、1がはっきりとしてくるとも考えられます。その次に、3が分かりだします。その後ですが、5と7に各々理解の壁があり、それを乗り越えて10が分かるようになるとされます。

指を立ててから10まで進むまでには、一般的には一本指の1歳から、2歳、3歳、4歳、5歳と、5年ほどかかります。

数の理解には興味も影響します。数に興味が強い子もいれば、そうでない子もいます。興味の薄い子は、数えられないと「いっぱい」「たくさん」といって平気だったりします。大

人もそうですが、数にこだわる人と大雑把な人がいます。こういった違いは、数への興味の度合いと関係があるのかもしれません。

☆なお、「集合数」については、第5巻「手引き」12ページ 数(集合数①)も合わせてお読みください。

コラム 「セラピー室から②」
「社会性」原因仮説

納得しやすい「社会性」原因仮説
①ニートや不登校は、社会性が育っていないのが原因である
②カッとなって乱暴する子は、社会性が幼く、自分で自分をガマンできないからだ
③反抗する子は、基本的信頼関係が築けず社会性が欠如しているのが理由と思われる

上記の①から③までは、子どもの状況とその原因を説明する際によく聞かれる話です。問題の原因に社会性があると言われると、「そうだな」と、つい納得しがちです。

本当に「社会性」原因仮説は、正しいのか?

ただよく考えてみると、本当にそうなのかなと思えてきます。例えば①です。人づき合いが苦手というニート青年は多いそうで

⑩ 数 （合成と分解②）

あわせると いくつになるでしょうか？

ことばかけのポイント

●絵だけでは分かりにくい場合には、チップ、碁石などの実物を使って試しましょう。

子どもの《発達の姿》

掛け算は、足し算であるといいます。例えば、「2×3」は2を3回足すことです。引き算も足し算と同じといいます。「5 − 2 = 3」ですが、「3 + 2」の式との関係が分かっていれば解けます。加減乗除の計算の基礎には、足し算があり、それだけ足し算は大切であり、しっかりと教える必要があります。

算数の文章題では、「足す」のほかに、足すという意味のさまざまなことばが使われます。

・箱に　りんごを　2個　入れました。
・かごに　りんごを　2個　置きました。
・お皿に　りんごを　2個　加えました。
・りんごを積んだ山に　さらに　2個　のせました。
・りんごを　2個　もらいました。

そして、「はじめからあったものと合わせると、何個になったでしょう」という質問が続いたりします。まったく違うことばでありながら、このように同じ意味で使われることばが分かりにくい子がいます。文章題では、子どもの分かりずらさを踏まえながら、ことばを置き換えて教えることも必要です。

☆なお、「合成と分解」については、第6巻「手引き」12ページ 数（合成と分解①）も合わせてお読みください。

すが、社会性だけが問題とはいえません。ニート青年にある将来展望の持ちにくさや自己評価の低さなどは、濃淡はあるでしょうが、現代の多くの青年が共通して持つ心理です。たまたまそれが色濃くなり、陥った状態がニートともいえます。

②では、社会性の幼さが乱暴などの原因とされます。この見方には、社会性が成長すると、怒りなど、感情のコントロール力がアップするとの考えがあります。

ところが実際には、大人になっても乱暴する人や、感情のコントロールが取れない高齢者がいます。社会性の成長と、感情の抑制力が本当に関係しているのか、現実を知れば実に疑わしくなります。

③は、乳児期における基本的信頼関係ができなかったから社会性が成長していない、欠如しているという見方です。では戦争下の子ども

はどうなるのでしょうか。孤児はたくさんいながら、多くの子たちが悲しみを乗り越えてそれぞれに社会性を成長させていきました。

社会性は、あまりにもあいまいな概念

このようにみていくと、社会性という概念はあいまいだからこそ、「原因仮説」として都合よく語られている現状が分かります。実際に教育心理学などの分野では、「社会性」の定義は確定しておらず、また「社会性の成長」についての妥当で信頼できる説明理論もありません。

子どもの問題を、社会性が原因として了解した気分になっても、きっと何も解決しないでしょう。本当の原因探しとともに、問題を生み出すメカニズムの解明こそが、子どもに対応すべき大人には望まれています。

⑪ 数 （合成と分解③）

いくつになるでしょうか?

🐻 ことばかけのポイント

●引き算は、あったものがなくなります。子どもによっては時間の流れとともに、あったものが見えなくなる（＝なくなる）ということが分かりにくい場合があります。そこで、引き算の構造、考え方の理解を目的として、また、合わせて分かりやすくするために、絵を使って物語のようにしました。なお、子ども一人ひとりの理解のレベルは違います。子どもに分かりやすいよう、説明する際にはことばの工夫をしてみてください。

子どもの《発達の姿》

　子どもの様子を見ていると、足し算と引き算は理解の進み具合は違うようです。引き算の方が苦手な子が多いのは確かです。子どもは何かが「なくなる」のは好きではないのかもしれません。このために、知らず知らずのうちに引き算的な発想を避けるのかもしれません。

　足し算と同じに、算数の文章題では、「引く」のほかに、引くという意味のさまざまなことばが使われます。
・箱から　りんごを　2個　出しました。
・りんごを　2個　食べました。
・りんごを　2個　あげました。
・りんごを　2個　取りました。
・りんごを　2個　捨てました。

　そして、「はじめからあったものは、何個になったでしょう」という質問が続いたりします。足し算でも述べましたが、こういった「引く」の意味の多様なことばが類推力の弱さもあってか分かりにくい子がいます。こういう子の場合、そのことを踏まえながらことばを置き換えて教えないと分かりにくい場合があります。

指導のポイント

★引き算が分からない

　お菓子、果物などの実物で練習した方が分かりやすいでしょう。

コラム 「セラピー室から③」

　「学校は楽しいですか?」と聞くと、「フツウ」。「勉強は、嫌いなの?」と聞くと、「フツウ」。「友だちとよく遊ぶ?」にも「フツウ」。「好きな友だちはいますか?」には「ビミョウ」。「日曜日は何していますか?」にも「ビミョウ」。

　子どもと話していて、最近は「分からない」という答えの他に、どうとでも取れる「フツウ」「ビミョウ」が増えてきました。これらのことばは、質問にうまく答えられないときに使われるようで、ためしに「Aと思う、Bだと考える、どっち?」と二者択一にすると、答えがすぐに返ってきたりします。

　ときには、質問の真意が読めないときにも用いられます。こういう場合は、質問の内容を変えると答えが出てくることがあります。

　例えば、6年生の子に「得意なことは何?」と聞きます。これに

「ビミョウ」という答えが返ってきたときには、「3年生のときに得意なことは何だった?」というように、過去を思い出させる内容に質問を変えます。すると、「サッカーかな」という答えが返ってきたりします。その答えを受け「いまもサッカーは得意かな?」と質問します。

　「フツウ」「ビミョウ」と答える子に対し、まじめに答えていないと感じます。はぐらかされた、ばかにされたと思うこともあります。ただ、相手が教師など、社会的な役割を持つ大人の場合には、答え方によっては注意される、叱られる可能性があります。そのときの「フツウ」「ビミョウ」は相手を体よくかわす、「危険回避のことば」といえます。いったんはそう答えながら、相手の出方をうかがいます。

　昔も「分からない」という答えは、普通に聞かれました。「分か

12 社会性（感情のコントロール力：〜かもしれない）

どちらが おにいさん（おねえさん）かな？

ことばかけのポイント

● 「お兄さん」が分かりにくい場合には、まずは「○（マル）」「よい」を使いましょう。

子どもの《発達の姿》

いうまでもなく、世の中の多くに「絶対」はありません。環境は変化します。その変化に合わせて自分を変えながら調整していくことが適応です。変化に合わせて調整できるためには、物事を柔軟に受け止められる「柔らかい考え方」が必要となります。

自分の思いどおりにならないと怒ったり、パニックを起こしたりする子がいます。そういう子は、事態の変化が認められずに、自分の「こうある（なる）べき」という判断にこだわります。自分が正しく、思いどおりにならない相手や状況が悪いと非難したりします。

当然ですが、こういう子は周りの意見を聞けません。自分の考え以外は受け付けず、このために話し合いが成立しません。なかには、自分の意見がとおらないと「負けた」と思い、怒ったりするなど、感情的な反応を示す子もいます。物事の結末には、予想できない面があること、柔軟に考えるべきことが分かっていません。

子どもが「〜かもしれない」と言いだす時期があります。

「〜かもしれない」と言いながら、自問自答も始まります。そこには、自分で考えようとする姿勢があります。自問自答の結果、自分なりの考え方や意見を生み出してもいくのでしょう。

自分の考えを変えられない子は、「絶対」「全然」「100％」など、極端なことばを使うところに特徴があります。

「○（マル）−×（バツ）」「よい−わるい」「好き−嫌い」など、ふたつの枠組みで物事をとらえがちです。このために、周りには大げさに思えるような反応を示したりします。こういう子には「〜ではなく、○○かもしれないね」といった、物事を絶対視しない見方を教えましょう。特に「絶対」ということばは、幼児期から気をつけ、使ったときにはたしなめるようにしましょう。

絶対を使わなくなり、「たぶん」「おそらく」ということばを言うようになると、パニックなどは激減し、子どもによってはよほどのこと以外は見られなくなるでしょう。物事を、柔軟に受け止められるようになり、心に余裕が生まれるからだと思います。

らないでなく、自分でよく考えなさい」とたしなめたりしていました。最近の「フツウ」「ビミョウ」は、子どもの表現力不足、混乱、それに用心深さを感じます。このような子どもたちの姿を見ると、"子どもは会話に自信を持てなくなっているのかもしれない" とも思います。

きちんと答えられないことも理由のひとつにあげられ、発達障害を疑われてくる子どもたち。多くは発達障害を持つ子ではありません。誤解されるこういう子の会話力を、どうやったら高められるか、その方法を考える日々です。

指導のポイント

★物の見方が固い

・「おそらく」「たぶん」という、「あいまいことば」を大人が使うようにします。合わせて子どもがそれを言うように働きかけましょう。

・「絶対」などの極端なことばは使わないように注意しましょう。

心理学とセラピーから生まれた 発達促進ドリル　10巻 内容一覧

※内容は、一部変更される場合があります。ご了承ください。

分類	項目	1巻	2巻	3巻	4巻	5巻	6巻	7巻	8巻	9巻	10巻
A.ことば	擬音語	擬音語①指さし	擬音語②								
	物の名前	物の名前①	物の名前②	物の名前③	物の名前④	物の名前⑤(2切片)	物の名前⑥(3・4切片)	物の名前⑦(5切片)	物の名前⑧(複数)		
	用途・抽象語	用途①		用途②	抽象語①	物の属性①	抽象語②	物の属性②		物の属性①②	
	からだの部位	からだの部位①②				からだの部位③				からだの部位④	
	異同弁別(ほか)	おなじ			ちがう①②	間違い探し①	間違い探し②	間違い探し③	探し物／欠所探し	探し物	
	疑問詞		何	だれ	どこ	いつ	どうやって	なぜ、どうして①	なぜ、どうして②	なぜ、どうして③	なぜ、どうして④
	(表現など)					(表現①)	叙述・説明①(様子の表現②)	叙述・説明②(理由の表現③)	叙述・説明③(理由の表現④)	(理由の表現⑤)	(理由の表現⑥)
								振り返り①(何をした?①)	振り返り②(何をした?②)	振り返り③(何を?)	(明日は何をする?)
	自他の分離			自他の分離①		自他の分離②		得意なこと	苦手なこと	上手になりたいこと	
	文作り	二語文理解①	二語文理解②	助詞①②	確認・報告	助詞③					
	※短期記憶		2つ			文の記憶①	文の記憶②			文の記憶③	文の記憶③
B.文字	模写	線を引く①		線を引く②							字を書く
	形の見分け・文字		形の見分け①		形の見分け②			文字を読む①	文字を読む②	文を読む①	文を読む②
	空間把握			上下①②	そば		前後		なか、そと		
C.数	数字						数字(レジスターなど)	数字①	数字②		
	比較	大小比較①	大小②	大小③		高低	長短	多少①	多少②		
	数唱					数唱(5まで)		数唱(10まで)			
	集合数					集合数①		集合数②			集合数③
	順位数(序数)						順位数①		順位数②	順位数③	
	合成と分解						合成と分解①		合成と分解②③		
D.社会性	模倣・ルール	いっしょに①	いっしょに②		順番・ルール①②			順番と待つ態度			
	思いやり	はんぶんこ①	はんぶんこ②	あげる—もらう①		あげる—もらう②					
	生活		口をふく、手を洗う・顔を洗う	歯磨き	排泄		洗顔				
	役割を果たす		～して、～やって		～の仕事①		～の仕事②		一般知識	～の仕事③	道徳①②
	感情のコントロール力	そっと	大事・大切	手はおひざ	残念・仕方ない	小さな声で言う	「かして」と言う		わざじゃない	～かもしれない	怒った声を出さない
	問題数	12	12	12	12	12	12	12	12	12	12

※参考文献等は、10巻目で紹介します。

1. なにの えでしょうか?

ことば(物の名前⑦：4・5切片)

みぎの えは なにの えでしょうか?
ひだりの えを まるで かこみましょう。

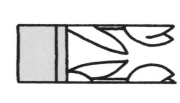

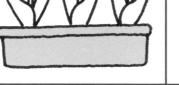

みぎの えは なにの えでしょうか？
ひだりの えを まるで かこみましょう。

1. なにの えでしょうか?

ことば（物の名前⑦：4・5切片）

みぎの えは なにの えでしょうか?
ひだりの えを まるで かこみましょう。

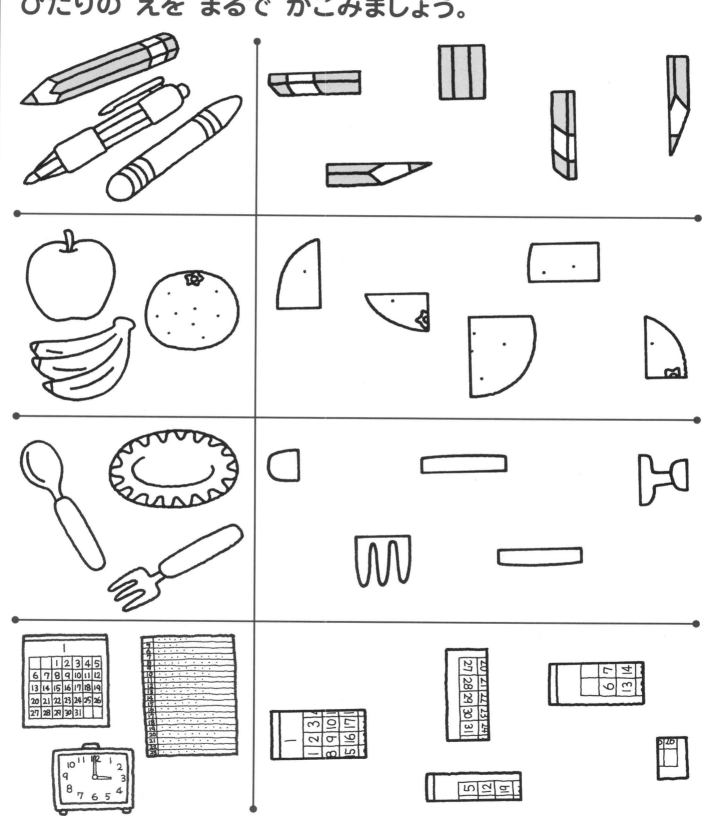

ことば（物の名前⑦：4・5切片）

みぎの えは なにの えでしょうか?
ひだりの えを まるで かこみましょう。

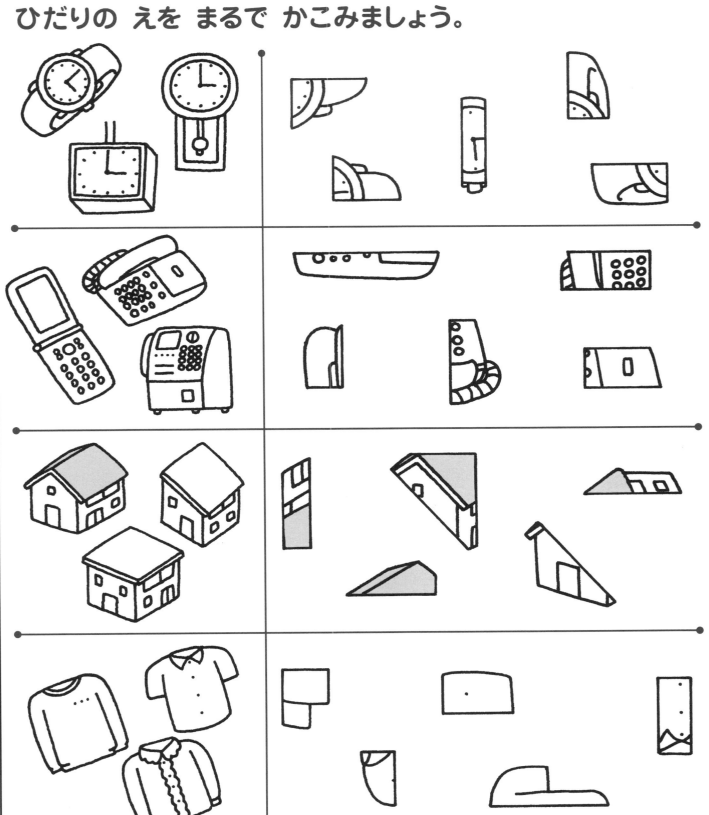

2. まちがいを さがしましょう

ことば（異同弁別ほか：間違い探し③）

よく みてみよう。 5つ ちがう ところが あります。
まるで かこみましょう。

2. まちがいを さがしましょう

ことば（異同弁別ほか：間違い探し③）

よく みてみよう。 5つ ちがう ところが あります。
まるで かこみましょう。

2. まちがいを さがしましょう

ことば（異同弁別ほか：間違い探し③）

よく みてみよう。 5つ ちがう ところが あります。
まるで かこみましょう。

2. まちがいを さがしましょう

ことば（異同弁別ほか：間違い探し③）

よく みてみよう。 ５つ ちがう ところが あります。
まるで かこみましょう。

3. どうして（なぜ）ですか？

ことば（疑問詞：なぜ、どうして②〜理由の表現④）

「かんらんしゃが すきです」
どうして（なぜ）ですか？
したの ばんごうを まるで かこみましょう。

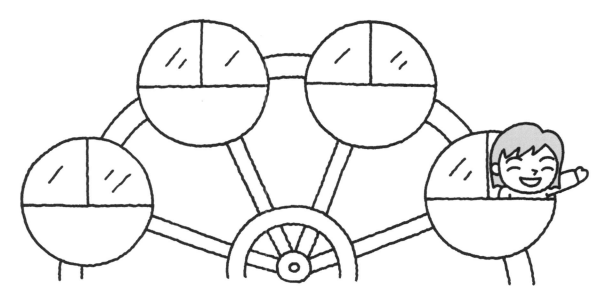

① まわるから　② おもしろいから　③ おいしいから

「ブランコが すきです」
どうして（なぜ）ですか？
したの ばんごうを まるで かこみましょう。

① おもしろいから　② のれるから　③ すきだから

※子どもによって、大人の考える「正答」と
違う場合があります。

※子どもの話を聞いてみましょう。
ユニークな見方があることも少なくありません。

3. どうして（なぜ）ですか？

ことば（疑問詞：なぜ、どうして②〜理由の表現④）

「ぞうさんが すきです」
どうして（なぜ）ですか？
したの ばんごうを
まるで かこみましょう。

① ちいさいから　② おおきいから　③ すきだから

「おともだちが すきです」
どうして（なぜ）ですか？
したの ばんごうを
まるで かこみましょう。

① あそべるから　② てを つなげるから　③ とぶから

「おかあさんが すきです」
どうして（なぜ）ですか？
したの ばんごうを
まるで かこみましょう。

① やさしいから ②ハンバーグを つくってくれるから ③ すきだから

※子どもによって、大人の考える「正答」と
違う場合があります。

※子どもの話を聞いてみましょう。
ユニークな見方があることも少なくありません。

3. どうして（なぜ）ですか？

ことば（疑問詞：なぜ、どうして②〜理由の表現④）

「ラーメンが たべたいです」
どうして（なぜ）ですか？
したの ばんごうを
まるで かこみましょう。

① おなかが すいたから　② おみせだから　③ ほしいから

「テレビが みたいです」
どうして（なぜ）ですか？
したの ばんごうを
まるで かこみましょう。

① みたいから　② すきな ばんぐみ だから　③ おいしいから

「かけっこが したいです」
どうして（なぜ）ですか？
したの ばんごうを
まるで かこみましょう。

① たのしいから　② あるくから　③ うたうから

※子どもによって、大人の考える「正答」と
違う場合があります。

※子どもの話を聞いてみましょう。
ユニークな見方があることも少なくありません。

ことば（疑問詞：なぜ、どうして②〜理由の表現④）

「ゲームが ほしいです」
どうして（なぜ）ですか？
したの ばんごうを
まるで かこみましょう。

① あそべるから　② もっているから　③ うっているから

「アイスクリームが ほしいです」
どうして（なぜ）ですか？
したの ばんごうを
まるで かこみましょう。

① つめたいから　② よむから　③ おいしいから

「じてんしゃが ほしいです」
どうして（なぜ）ですか？
したの ばんごうを
まるで かこみましょう。

① すわれるから　② さわれるから　③ のって あそべるから

※子どもによって、大人の考える「正答」と
　違う場合があります。

※子どもの話を聞いてみましょう。
ユニークな見方があることも少なくありません。

4. なにを しているのでしょうか？

ことば（文作り：叙述・説明② 〜何のお仕事？②）

「りょうりを つくっています」
どちらでしょうか？ □のなかに まるを つけましょう。

「せんたくを しています」
どちらでしょうか？ □のなかに まるを つけましょう。

「ほんを よんでいます」
どちらでしょうか？ □のなかに まるを つけましょう。

4. なにを しているのでしょうか？

ことば（文作り：叙述・説明②〜何のお仕事？②）

「サッカーを しています」
どちらでしょうか？　□の なかに まるを つけましょう。

「やきゅうを しています」
どちらでしょうか？　□の なかに まるを つけましょう。

 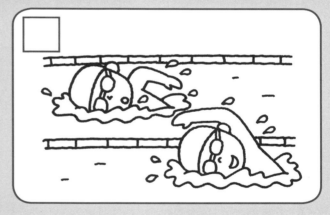

「およいでいます」
どちらでしょうか？　□の なかに まるを つけましょう。

4. なにを しているのでしょうか?

ことば（文作り：叙述・説明②〜何のお仕事？②）

「そうじを しています」
どちらでしょうか？　□のなかに まるを つけましょう。

「じを かいています」
どちらでしょうか？　□のなかに まるを つけましょう。

「でんしゃを うんてんしています」
どちらでしょうか？　□のなかに まるを つけましょう。

4. なにを しているのでしょうか?

「うたを うたっています」
どちらでしょうか?　□のなかに まるを つけましょう。

「おどっています」
どちらでしょうか?　□のなかに まるを つけましょう。

「えを かいています」
どちらでしょうか?　□のなかに まるを つけましょう。

5. どちらが とくいですか? ちょっとにがては どちらですか?

ことば（自他の分離：苦手なこと）

とくいなことは □のなかに まるを
ちょっと にがてなことは □のなかに さんかくを
かきましょう。

☐ ようふくを たたむ

☐ そとで しょくじを する

☐ そうじを する

☐ おふろに はいる

☐ おはなしを きく

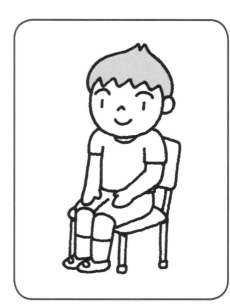

☐ いすに すわる

※子どもによっては「苦手はない」と答える場合もあるでしょう。
それも発達のひとつの段階とも言えます。

5. どちらが とくいですか? ちょっとにがては どちらですか?

ことば(自他の分離:苦手なこと)

とくいなことは □のなかに まるを
ちょっと にがてなことは □のなかに さんかくを
かきましょう。

□ なんでも たべる

□ しずかに ねる

□ はを みがく

□ くつを そろえる

□ "いただきますを する

□ "こんにちは" という

※子どもによっては「苦手はない」と答える場合もあるでしょう。
それも発達のひとつの段階とも言えます。

とくいなことは □のなかに まるを
ちょっと にがてなことは □のなかに さんかくを
かきましょう。

☐ かけっこ

☐ およぐ

☐ てつぼう

☐ うたう

☐ おどる

☐ えを かく

※子どもによっては「苦手はない」と答える場合もあるでしょう。
それも発達のひとつの段階とも言えます。

5. どちらが とくいですか? ちょっとにがては どちらですか?

ことば（自他の分離：苦手なこと）

とくいなことは □のなかに まるを
ちょっと にがてなことは □のなかに さんかくを
かきましょう。

□ おりがみで あそぶ

□ ふえを ふく

□ ねんどで あそぶ

□ おうえんする

□ てを つないで
あるく

□ いっしょに
よろこぶ

※子どもによっては「苦手はない」と答える場合もあるでしょう。
それも発達のひとつの段階とも言えます。

6. おなじ じは どれでしょう

おなじ じは どれでしょう。まるで かこみましょう。

か

い
て
か

く

や
て
く

6. おなじ じは どれでしょう

文字（形の見分け・文字：文字を読む①）

おなじ じは どれでしょう。まるで かこみましょう。

て

め

よ

てぃいお

くしめ

やよて

6. おなじ じは どれでしょう

文字（形の見分け・文字：文字を読む①）

おなじ じは どれでしょう。まるで かこみましょう。

あ		お あ お ね ぬ

り

り て
く り
い

む

む め
む ほ
あ

し

こ く
こ す
し

6. おなじ じは どれでしょう

文字（形の見分け・文字：文字を読む①）

おなじ じは どれでしょう。まるで かこみましょう。

ぬ	ぬ	ね
	め	も

さ	き	さ
	よ	あ

ほ	ほ	は
	あ	め

へ	て	と
	く	へ

7. どちらが おおいでしょうか?

数（比較：多少②）

どちらが おおいでしょうか?
おおいほうの □のなかに まるを かきましょう。

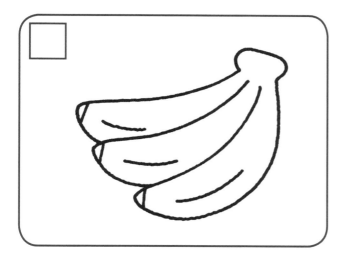
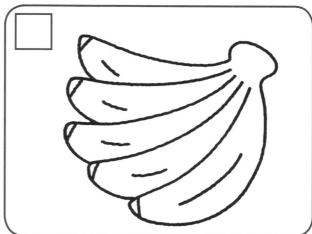

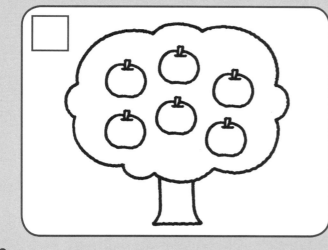

7. どちらが おおいでしょうか?

どちらが おおいでしょうか?
おおいほうの □のなかに まるを かきましょう。

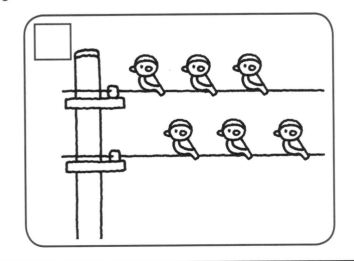

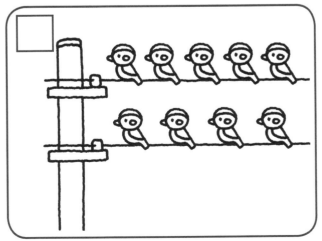

7. どちらが おおいでしょうか?

数（比較：多少②）

どちらが おおいでしょうか?
おおいほうの □のなかに まるを かきましょう。

どちらが おおいでしょうか?
おおいほうの □のなかに まるを かきましょう。

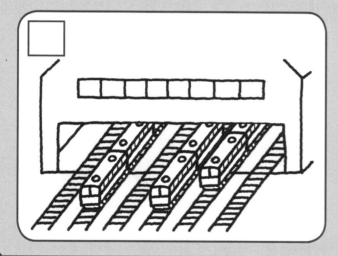

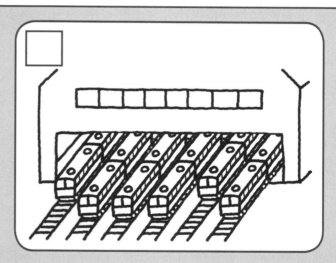

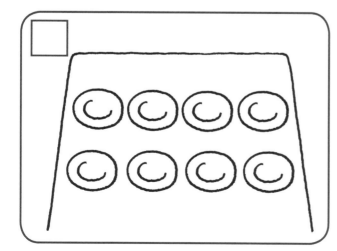

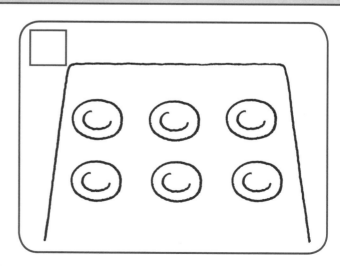

8. かぞえてみましょう

数（数唱：10まで）

なんこ ありますか？
こえに だして かぞえてみましょう。

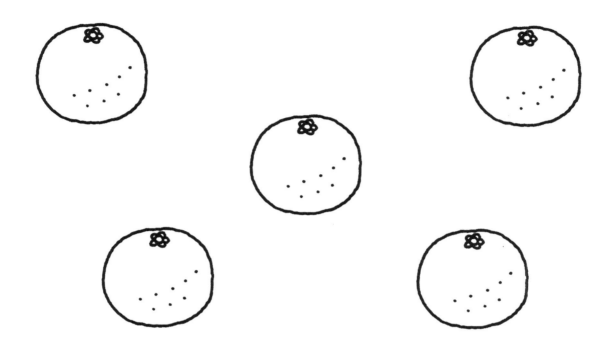

なんこ ありますか？
こえに だして かぞえてみましょう。

なんわ いますか？
こえに だして かぞえてみましょう。

なんりょう ありますか？
こえに だして かぞえてみましょう。

数（数唱：10まで）

なんにん いますか？
こえに だして かぞえてみましょう。

なんにん いますか？
こえに だして かぞえてみましょう。

8. かぞえてみましょう

なんこ ありますか？
こえに だして かぞえてみましょう。

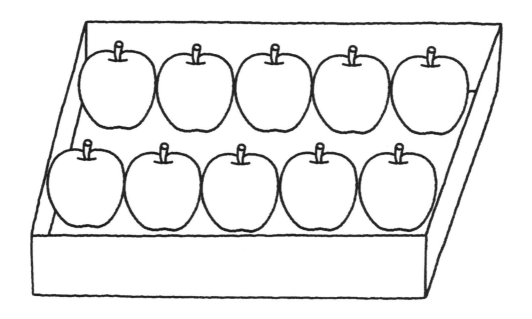

なんこ ありますか？
こえに だして かぞえてみましょう。

9.（みんなで）いくつでしょうか？

数（集合数②）

（みんなで）いくつでしょうか？
□の なかに かずを かきましょう。

☐ わ

☐ りょう

☐ にん

9. （みんなで） いくつでしょうか？

数（集合数②）

（みんなで） いくつでしょうか？
□の なかに かずを かきましょう。

□ わ

□ りょう

□ にん

9. (みんなで) いくつでしょうか?

数（集合数②）

（みんなで）いくつでしょうか?
□の なかに かずを かきましょう。

にん

にん

こ

9. （みんなで）いくつでしょうか？

数（集合数②）

（みんなで）いくつでしょうか？
□の なかに かずを かきましょう。

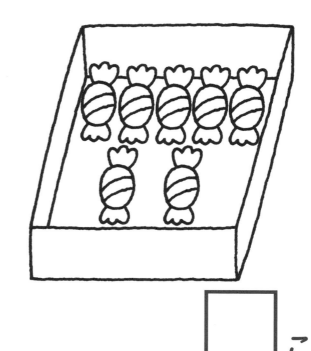

□ ほん

□ こ

□ こ

□ こ

10. あわせると いくつに なるでしょうか?

あわせると いくつに なるでしょうか?
□の なかに かずを かきましょう。

こ

こ

こ

あわせると いくつに なるでしょうか?
□の なかに かずを かきましょう。

  ほん

  ほん

 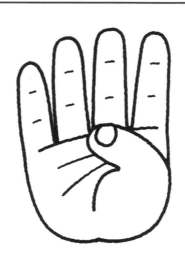 ほん

あわせると いくつに なるでしょうか?
□の なかに かずを かきましょう。

 だい

 だい

 だい

10. あわせると いくつに なるでしょうか？

数（合成と分解②）

あわせると いくつに なるでしょうか？
□の なかに かずを かきましょう。

 こ

 こ

 こ

数（合成と分解③）

あめが 3こ ありました。おともだちに 1こ あげました。
のこりは なんこでしょうか?
したの □の なかに かずを かきましょう。

$$3-1= \boxed{}$$

8巻

11. いくつに なるでしょうか?

数（合成と分解③）

りんごが 3こ ありました。おともだちに 1こ あげました。
のこりは なんこでしょうか?
したの □の なかに かずを かきましょう。

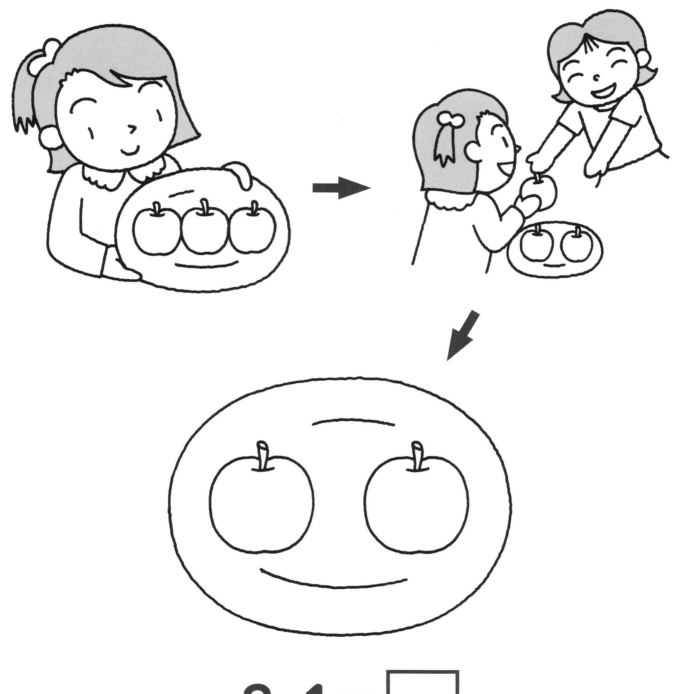

$$3-1=\boxed{}$$

バ
な
な
バナナが 3ぼん ありました。 おともだちふたりに
2ほん あげました。 のこりは なんぼんでしょうか?
したの □の なかに かずを かきましょう。

3-2= □

りんごが 3こ ありました。 おともだちふたりに 2こ
あげました。 のこりは なんこでしょうか?
したの □の なかに かずを かきましょう。

3-2= □

11. いくつになるでしょうか?

数（合成と分解③）

いろえんぴつが 4ほん ありました。 おともだちに 1ぽん
かしました。 のこりは なんぼんでしょうか?
したの □の なかに かずを かきましょう。

$$4-1=\boxed{}$$

つみきが 5こ ありました。おともだちに 2こ かしました。
のこりは なんこでしょうか?
したの □の なかに かずを かきましょう。

$$5-2=\boxed{}$$

12. どちらが おにいさん（おねえさん）かな？

社会性（感情のコントロール力：〜かもしれない）

どっちが まる かな？
□のなかに まるを つけましょう。

ないので さわぐ

ないけれども さわがない

12. どちらが おにいさん (おねえさん) かな?

社会性 (感情のコントロール力 : ～かもしれない)

どっちが まる かな?
□のなかに まるを つけましょう。

おやすみだったので さわぐ

おやすみでも さわがない

12. どちらが おにいさん（おねえさん）かな？

社会性（感情のコントロール力：～かもしれない）

どっちが まる かな？
□のなかに まるを つけましょう。

あめがふってきたので さわぐ

あめがふってきても さわがない

12. どちらが おにいさん（おねえさん）かな？

社会性（感情のコントロール力：〜かもしれない）

どっちが まる かな？
□のなかに まるを つけましょう。

うっていなかったので さわぐ

うっていなかったけど さわがない